# EN SOUVENIR

## DE MON FILS ANDRÉ FEBVRE

tué à l'ennemi,

à LOUVEMONT (front de Verdun),

le 29 Décembre 1916.

---

> Ceux qui sont tombés sur les champs de bataille nous ont laissé le devoir de poursuivre jusqu'à son achèvement l'œuvre de salut à laquelle ils se sont sacrifiés. Nous ne pouvons déchirer le testament de nos morts, enlever leur seule consolation à ceux qui ont donné les enfants de leur chair, les fils de leur esprit, les jeunes hommes à qui ils avaient confié leur pensée et en qui ils avaient mis leurs plus chères espérances.
>
> *( Gabriel Séailles. )*

J'ai conservé toutes les lettres que m'a adressées mon fils pendant ses 29 mois de campagne. J'aime à les relire, parce que je l'y retrouve tout entier. Ses lettres, c'est lui-même. Il me parle de la guerre, des combats auxquels il a pris part. Il me dit sa confiance, ses espoirs. Il a des pensées affectueuses pour chacun des membres de la famille : oncles, tantes, cousins, cousines. Son amour filial déborde. Son cœur a les mêmes élans que celui d'un enfant. Et pourtant, c'est un homme dans toute l'acception du mot : volonté, résolution, sang-froid, voilà les principaux traits de son caractère. Il a surtout de la bonté. « *Il était essentiellement, infiniment bon,* » me disait son meilleur ami.

Je le retrouve tel dans ses lettres.

Voilà pourquoi j'aime à les relire.

J'ai entrepris un pieux travail.

J'ai puisé un à un dans cette correspondance et j'ai réuni en une sorte de recueil, sans rien changer au texte, les faits de guerre auxquels il a participé. C'est lui qui les raconte ; il est à la fois acteur et narrateur. L'ordre suivi est celui des dates.

Un grand intérêt s'attache pour moi à ces documents évocateurs de souvenirs émotionnants, tragiques.

---

Mon fils a été mobilisé le 3 Août 1914. Sa première lettre, datée du 6 Août, de Toul, débute ainsi :

» Nous sommes prêts à entrer en campagne ».

C'est bien dans cette disposition d'esprit qu'il m'avait fait ses adieux. Son sang-froid, sa résolution m'avaient frappé.

Les évènements graves qui se préparent ne le troublent pas ; il les envisage avec calme, il y fera face *simplement, bravement*. Il n'a pas peur, il plaisante :

« Il faut croire que ceux qui sont en première ligne ne sont pas tous morts, puisqu'on nous laisse ici ».

La lettre se termine ainsi :

« Je t'embrasse peut-être pour la dernière fois. »

Le brave enfant sait que la guerre sera terrible, mais il ne connait que son devoir ; il le remplira jusqu'au bout.

Dans sa lettre du 16 Août, il m'apprend que son régiment est occupé à faire des tranchées pour protéger Toul. Sa compagnie est à la halte de Velaine. Les nouvelles de la guerre lui manquent. Par contre, il m'apprend que les Allemands ont bombardé Pont-à-Mousson. Il se fait au métier de terrassier qu'il trouve fatigant parce qu'il y est mal préparé. Bien que le couchage dans les étables manque de confortable, il s'en accommode aisément, il ajoute même :

« Tu ne peux te faire une idée du plaisir que procure un lit de paille fraîche. »

Sa lettre se termine par un regret :

« Avec tout cela, je n'ai encore pas tiré un coup de fusil ! »

Trois semaines s'écoulent ensuite, sans que je reçoive de nouvelles. Le 6 Septembre enfin, il m'écrit pour me donner sa nouvelle adresse :

« *d'Infanterie*, 1re *compagnie*. Ce qui l'inquiète surtout, c'est la situation critique de Paris :

« Paris est menacé par les Allemands, mais ils n'y sont pas encore. On n'entre pas à Paris comme cela. Ah ! ce n'est pas ainsi que je voudrais voir les choses tourner. Des bruits inquiétants circulent ici. On dit que le Gouvernement a quitté Paris. Cette décision a dû être prise dans un intérêt supérieur. Mais il faut que les Parisiens tiennent bon. Que penses-tu de tout cela ? »

Un nouveau laps de quatre semaines s'écoule encore, sans qu'aucune lettre me parvienne. J'en reçois une enfin, datée du 8 Octobre, dans laquelle mon fils me fait savoir qu'il a reçu le baptême du feu :

« Je viens de prendre part à des combats qui se sont renouvelés plusieurs jours de suite. Ma compagnie a été très éprouvée : le capitaine, les deux lieutenants, le sergent-major, deux sergents et un grand nombre d'hommes sont parmi les morts. Moi, je n'ai pas eu la moindre égratignure.

Un autre jour, il a fallu fuir d'une tranchée au milieu des balles. J'ai encore été épargné. Je n'ai pas eu peur. Je ne croyais pas que c'était si facile d'être brave. Dans la chaleur du combat, on est tellement à son affaire que l'on ne pense pas à la mort. C'est seulement après l'action que l'on a conscience du danger couru et qu'on a l'impression qu'on l'a échappé belle.

Dans ces parages, environs de Pont-à-Mousson, c'est maintenant la désolation et la mort. Pauvres villages détruits ! Pauvres habitants !

A part la fatigue des combats et les nuits passées à la belle étoile, nous sommes bien soignés, nous avons même de l'eau-de-vie tous les matins. »

*Du 29 Octobre 1914.* — « Notre bataillon est au repos, mais nous ne restons pas inactifs. Il y a toujours quelque souterrain à creuser, des réseaux de fils de fer à établir.

heureux quand la pluie ne vient pas gêner notre travail.

Nous savons que les Allemands reculent partout et l'on dit que nous tenons enfin la victoire. Moi, je n'ai jamais pensé que nous puissions être vaincus. Quand on a à défendre une cause comme la nôtre, une seule conclusion est possible : la victoire ; autrement ce serait à désespérer du Droit et de la Justice.

Je ne crois pas que les Allemands soient déjà disposés à demander la paix. »

*Du 2 Décembre*, - « Voici l'hiver, et, avec lui, la neige et la glace. Nos abris, heureusement, nous protègent suffisamment contre le froid.

Aux avant-postes où je suis, Français et Allemands sont à trois cents mètres les uns des autres. Le jour, on ne peut se montrer sans recevoir un coup de fusil. La nuit, il faut prendre la faction dans les tranchées aménagées pour résister en cas d'attaque. Mais, jusqu'ici, pas la moindre alerte. Et moi, qui voudrais tant me distinguer par un fait d'armes !

En attendant, nous nous prémunissons contre le froid. Pour ma part, j'ai le nécessaire et même du superflu : tricots, gants fourrés, passe-montagnes, cache-nez, etc. A ceux qui sont dépourvus ou que les dons particuliers n'ont pas atteints, l'administration fournit l'indispensable.

Malgré tout, froid et fatigue, je me porte on ne peut mieux ; l'effet du grand air, sans doute. »

*Du 17 Janvier 1915*. – « Pour répondre à ta question, je vais te dire comment sont installées nos tranchées au *Bois Le Prêtre*.

Une tranchée est un long boyau creusé à même la terre. Celles où nous nous trouvons sont simplement recouvertes. Dans l'épaisseur des parois sont creusées de petites niches qui nous servent de couchettes et où l'on peut s'étendre. Au milieu de la tranchée coule un ruisseau. Quand il pleut, comme la couverture n'est pas étanche, de larges gouttes d'eau tombent avec une régularité d'horloge dans le ruisseau, en faisant un *floc!* qui paraît lugubre dans la nuit.

En somme, comme installation, c'est rudimentaire, mais c'est suffisant.

Ma santé résiste à tout. Je n'ai pas encore eu le plus petit rhume. »

*Du* 10 *Février* 1915. — « Les pluies persistantes rendent extrêmement pénible le séjour dans les tranchées de première ligne ; nous avons constamment les pieds dans l'eau. Un grand nombre d'entre nous ont eu les pieds gelés. Quant à dormir, il n'y faut pas songer. Depuis quelque temps, la fusillade est continuelle, aussi bien de notre côté que du côté des Allemands, et les obus éclatent avec un fracas formidable. C'est par un bombardement intense que l'on prépare les attaques. Quand une attaque a réussi et que nous nous installons dans une tranchée conquise, il est rare que nous ne soyons soumis à un violent bombardement. Mais il faut tenir à tout prix, et l'on tient. Combien j'en ai vu de mes pauvres camarades tomber à mes côtés sous les obus allemands !

On reste vaillant parmi ces horreurs. Nous pensons aux nôtres, à la France, et cela nous donne du courage.

Par exemple, je voudrais que tu puisses te rendre compte de l'état actuel du *Bois Le Prêtre ;* plus de branches, seulement des troncs qui se dressent à moitié déchiquetés par les obus; et, au milieu de tout cela, un enchevêtrement de fusils, de cadavres allemands, de casques, etc. Car il faut te dire que nous progressons un peu chaque jour. Bientôt le bois sera tout entier entre nos mains. »

*Du 22 Février 1915.* – « Nous sommes maintenant au repos. Au repos est un euphémisme ; car si nous ne nous battons pas, nous ne passons pas notre temps à ne rien faire. Nous perfectionnons nos fortifications. Partout, ce ne sont que réseaux de fils de fer, boyaux souterrains de communication entre nos diverses positions : tout cela, pour nous prémunir contre un retour offensif de l'ennemi. Retour bien improbable.

Il est question ici d'un grand coup à donner au printemps prochain. Déjà ont lieu d'importants mouvements de troupes. Ce sera peut-être le coup final, celui qui nous rendra victorieux. La victoire ! ce sera le bonheur de ma vie d'y avoir contribué de toutes mes forces. La tâche est noble ; heureux ceux qui y auront collaboré ! »

*Du 17 Mars 1915.* – « Je suis toujours solide au poste, mais très occupé. Nous nous fortifions terriblement, et le travail se fait nuit et jour. Nous sommes en avant de Mamey, dans la direction de Fey-en-Haye qui est aux Allemands. Notre mouvement en avant se continue sans interruption. Et les Allemands reculent. Est-ce le commencement de leur retraite définitive ?

Nos cuisines sont installées à Mamey ; de là, la soupe est portée aux avant-postes. Il ne reste presque plus rien du malheureux village ; les matériaux provenant des maisons démolies par les bombardements servent à empierrer une route que l'on construit.

Tu me demandes si nous sommes à l'abri de l'invasion de ces bestioles encombrantes vulgairement appelées poux. J'en ai été préservé jusqu'ici ; mais combien d'autres, peut-être moins stricts que moi pour les soins hygiéniques, sont la proie de ces parasites malfaisants. Toutefois, je ne réponds pas de l'avenir. Songe donc ! Voilà huit mois que nous couchons tout habillés. Les *totos* ont beau jeu ! »

*Du 3 Avril 1915.* — « Ah ! mon cher papa, il vient de m'en arriver une bien bonne ! Comme par un coup de baguette magique, me voilà transporté à Vittel, dans un superbe hôtel (l'hôtel Cérès) et j'ai des domestiques pour me servir. La raison de ce déplacement est une blessure peu grave heureusement que je viens de recevoir. Un éclat d'obus m'a frappé à la tête au moment où nous attaquions le village de Fey-en-Haye. C'était le 31 Mars, à 8 heures du soir. Te dire ce qui est arrivé par la suite, je ne le pourrais, car je ne m'en souviens plus. Mais, sois complètement rassuré, je ne souffre pas et n'ai même pas de fièvre. Je n'éprouve que le besoin de m'abandonner aux douceurs d'un lit moelleux où je me trouve si bien que je ne puis pas dormir ; ce qui fait que, pour le sommeil, j'en suis presque à regretter ma couche dure de la tranchée. Je n'aurais pas cru que les extrêmes étaient si rapprochés.

Tu vois, par le ton de ma lettre, que je vais très bien. Aucune opération, si ce n'est une légère suture, ne sera nécessaire. Le crâne n'est qu'éraflé ; le major a cherché en vain une fêlure. C'est du moins ce que j'ai cru comprendre.

Par contre, mon pansement me fait vaguement ressembler à un Arabe. Me reconnaîtras-tu seulement ! Je te dis cela parce que, si tu es en vacances à Avrecourt, j'espère bien que tu viendras me voir. Je serai si heureux de t'embrasser !

A bientôt, n'est-ce pas, mon cher papa ! »

Le *communiqué* du 1er Avril mentionne la prise de Fey-en-Haye.

Avrecourt, où j'étais en vacances, est situé à 50 kilomètres de Vittel. Je m'y suis rendu par le premier train et j'ai pu, grâce à une autorisation spéciale du médecin-chef, passer toutes mes après-midi auprès de mon fils. La guérison, favorisée par un tempérament sain, s'affirmait chaque jour ; et c'est, complètement rassuré, que je suis rentré à Paris.

*Du 13 Avril 1915.* – « Je vais tout à fait bien. Le médecin m'a autorisé à lire les journaux illustrés. Comme variante, je fais avec le camarade Derique, que tu connais, d'interminables parties de dames. »

Dès le 22 Avril, il réintégrait son régiment sur sa demande.

« Pour le moment, m'écrivait-il ce même jour, nous sommes à Montauville près de Pont-à-Mousson. Un repos supplémentaire nous a été accordé en guise de congé de convalescence. »

Par une lettre datée du 30 Avril, il m'annonce qu'il est complètement rétabli et prêt à de nouveaux combats. Il ajoute que, ayant retrouvé son sac, il est rentré en possession de son linge, de son livret militaire et de ses *petites affaires*. « Je me suis fait expliquer, continue-t-il, comment Fey-en-Haye est tombé entre nos mains. J'aurais tout de même bien voulu y pénétrer avec les camarades. Il est vrai que j'en ai été bien près, puisque je suis tombé à quatre ou cinq mètres de la première maison du village.

C'est demain le 1ᵉʳ Mai. Les arbres sont en fleurs dans ces champs de mort. A voir la nature si sûre d'elle-même, on serait porté à oublier que l'on est en guerre ; mais la canonnade brutale nous rappelle durement à la réalité. »

*Du 12 Mai 1915.* – « Nous voilà de nouveau au *Bois Le Prêtre* en première ligne, à quarante mètres à peine de la tranchée boche. Le canon tonne ; c'est le prélude d'une attaque. Je veux t'adresser un mot avant qu'elle se produise. Les attaques, je les connais ; elles ne présentent pas grand danger quand elles sont préparées par un bombardement suffisant. Le principal facteur du succès c'est le canon. Quand nous arrivons, la tranchée est généralement vide de combattants, mais jonchée de cadavres. Sois donc sans inquiétude. D'ailleurs, je suis né sous une bonne étoile, et il est évident que la mort, telle une femme coquette, se contente de me frôler et qu'elle ne veut pas de moi.

Quand nous serons relevés, je te raconterai les péripéties de la lutte.

Le temps est magnifique. Le soleil brille comme à la veille d'Austerlitz. Si le bois avait eu sa frondaison habituelle, nous aurions combattu à l'ombre comme les soldats de Léonidas ; mais le bois ne se compose plus que de troncs hachés, déchiquetés, coupés par la mitraille.

Voilà que je fais de l'esprit Est-ce le bombardement qui m'inspire ? Je serais plutôt porté à trouver que ce bruit formidable qui fait trembler la terre est terriblement gênant quand on fait sa correspondance. »

*Du 19 Mai 1915.* — « L'attaque que je t'ai annoncée s'est produite : elle a tourné à notre avantage. Le gain de terrain que nous avons réalisé est de huit cents mètres. Nous sommes parvenus à la lisière du bois. Comme toujours, nous avons eu des pertes ; mais ces pertes sont inévitables. Bien sûr, pour que la joie soit complète, il faudrait que personne ne manquât à l'appel. Il n'en est pas ainsi, hélas ! et il arrive presque chaque fois que j'ai à déplorer la mort de quelque bon camarade.

C'est la question que l'on se pose pendant les quelques minutes qui précèdent le déclanchement d'une attaque : Quels sont ceux d'entre nous qui ne reviendront pas ? Minutes solennelles qu'il faut avoir vécues pour en connaître la tragique grandeur.

Au cours de cette attaque, les Boches ont fait usage d'engins d'un nouveau genre : grenades, boites à mitraille, bombes de différents modèles que l'on lance à la main. Nous étions armés de même. Tout cela, en éclatant fait un bruit d'enfer ; il y a de quoi devenir sourd. Le fusil passe au second plan.

Dans notre avance, nous avons trouvé une grande quantité de munitions et d'objets de toute sorte. Mais il y avait autre chose à faire qu'à les dénombrer ; le plus pressant était de se mettre en mesure de résister à une contre-attaque qui ne manqua pas de se produire. Ce fut pour moi une occasion de me servir d'un fusil boche avec lequel j'ai tiré toute la nuit. Tirer sur les Boches avec un fusil boche, cela m'a semblé plaisant.

Mais, au fait, c'est peut-être le moment de répondre à la question que tu m'as déjà posée plusieurs fois. Tu veux savoir si j'ai tué des Boches. Assurément oui. Quand ils contre-attaquent, et qu'on tire dans le tas, chaque coup porte, à moins qu'on ne tire trop haut ou trop bas, ce qui n'est pas mon cas, car mon fusil est à l'épreuve. J'ai dû en *amocher*, aussi quelques-uns à coups de grenades. »

*Du 28 Mai* 1915. - « Nous sommes maintenant à Pont-à-Mousson et nous pouvons, avec le repos, nous procurer quelques douceurs. Les Allemands y envoient, il est vrai, des obus qui ont fait des victimes dans la population civile ; aussi les habitants quittent-ils en nombre la ville qui va être complètement évacuée ; mais cela n'empêche pas que le séjour ici est préférable de beaucoup à la vie dans les tranchées.

Tu penses si nous avons appris avec plaisir la participation de l'Italie à la guerre. Espérons que cette aide avancera un peu les affaires. L'Italie se détachant de la Triplice pour se joindre à nous, voilà une chose qui, il y a six mois, m'aurait semblé impossible. Est-ce l'idéal pour lequel nous luttons qui l'a amenée à nous ? Je ne sais. En tout cas, le geste est beau. »

*Du 4 Juin* 1915. – « Nous venons encore de repousser des attaques des Boches qui s'efforcent, mais en vain, de reprendre le terrain perdu lors de notre dernière attaque. T'ai-je dit que, au cours des derniers combats, nous avions fait des prisonniers ? L'un d'eux, un lieutenant, qui s'exprimait correctement en français, osait affirmer que les Allemands reprendraient le *Bois Le Prêtre*, quand ils le voudraient. Ces bons Allemands ne doutent vraiment de rien.

La nouvelle de l'entrée en guerre de l'Italie continue à causer ici une grande joie. »

*Du 23 Juin* 1915. – « Encore un changement dans ma carrière militaire. Me voilà maintenant affecté à une compagnie de mitrailleuses en formation, non pas pour actionner la pièce, mais pour conduire un mulet porteur de munitions. J'ai commencé à étriller la bête et à monter à cheval ; mais ces diables de mulets ont une échine rude et dure comme l'acier, J'en suis tout meurtri.

Pendant la période de formation, nous resterons à Liverdun. Le terrain très accidenté est traversé par la Moselle. C'est un magnifique paysage. Cela nous change un peu de l'aspect désolé du pays que nous venons de quitter. Quelle terrible chose que la guerre qui s'en prend également aux hommes et aux choses ! »

*Du 1ᵉʳ Juillet* 1915. – « Mes études d'équitation sont terminées. Ce n'est pas plus difficile que cela de faire un bon muletier. Nous sommes même déjà rendus à pied d'œuvre, pour ainsi dire, puisque nous voilà cantonnés dans l'Argonne, à La Neuville-le-Pont. Nous occupons une vaste ferme tout près du village, en attendant l'ordre de nous porter en avant.

Partis de Toul, qui était le point d'embarquement, nous avons voyagé toute une nuit avec nos mulets et nos bagages pour gagner nos nouveaux cantonnements. Ces déplacements sont plus compliqués qu'on ne pourrait le croire.

J'apprends que le ° et le ° qui étaient avec nous au *Bois Le Prêtre* sont partis aussi. Ces deux régiments et le mien y ont fait de bonne besogne, puisque la conquête du bois est en partie leur œuvre. On peut être sûr qu'ils se comporteront de même partout où on les enverra. »

*Du 9 Juillet* 1915. - « Nous sommes installés pour le moment tout près du village de La Harazée, distant des premières lignes de deux kilomètres environ. C'est nous qui sommes chargés de monter munitions et matériaux à dos de mulets. On dit qu'on s'organise en vue d'une attaque.

J'ai été bien étonné de l'importance des services de l'arrière. C'est un va-et-vient continuel. Il y a là autant d'hommes que dans les tranchées. On y trouve tout ce qui est nécessaire pour que les soldats ne manquent de rien : cuisines, ravitaillements (en munitions et provisions de bouche, habillements, fourrages, travailleurs. C'est une organisation minutieuse et complète que ceux qui combattent soupçonnent à peine.

Le pays n'est formé que de coteaux boisés et escarpés. Nos courageux mulets surmontent ces obstacles naturels sans trop de difficulté. La nature crayeuse du sol me rappelle le camp de Châlons dont nous ne sommes pas très éloignés. »

*Du 18 Juillet* 1915. - « Je suis très heureux de savoir comment s'est passé le 14 Juillet à Paris. Ici, nous avons eu un ordinaire plus soigné, arrosé d'un supplément de vin.

Ce qui nous a manqué, c'est le succès de l'attaque préparée en vue de célébrer dignement notre Fête Nationale. L'action destructive de notre artillerie n'avait produit que des effets partiels. Notre avance a donc été à peu près nulle.

Il a fallu que je vienne ici pour faire connaissance avec les gaz. Nous les ignorions au *Bois Le Prêtre*. Ces gaz répandent une odeur dans laquelle prédomine celle du chlore. Pour nous préserver de leurs atteintes, on nous a munis de lunettes et de tampons respiratoires, ce qui nous fait vaguement ressembler à des scaphandriers. Nous sommes également pourvus du casque depuis le 15 Juillet. Tu me demandes si les obus viennent quelquefois nous visiter. N'en doute pas ; mais ils donnent lieu à des explosions isolées fort bénignes, ma foi, si on les compare au bombardement des premières lignes. »

*Du 26 Juillet* 1915. — « Mais, oui ? c'est un vrai casque que nous avons. Il se compose d'une coiffe ronde surmontée d'un cimier et garnie d'un rebord un peu plus plat que celui des pompiers. Il est de la même couleur que la capote. La calotte d'acier que nous avons eue tout l'hiver était moins épaisse et d'ailleurs incommode.

Les questions que tu me poses au sujet des gaz et des liquides enflammés m'embarrassent quelque peu, parce que je ne peux te parler que de ce que j'ai vu.

Si nous envoyons des gaz ? Mais, pourquoi pas ? On dit même que nous lançons des liquides enflammés. Est-ce nous qui avons commencé ? Non. Alors...

Ici, les bombardements ne ressemblent en rien à ceux que nous subissions ou que nous pratiquions au *Bois Le Prêtre*, pour cette raison que les grosses pièces étaient beaucoup plus nombreuses là-bas qu'ici. »

*Du 15 Août 1915.* – « Allons, bon ! Me voilà arrêté dans mes fonctions de ravitailleur. Figure-toi qu'il vient de me pousser des furoncles dont les uns sont en plein épanouissement, tandis que les autres sont encore en herbe. C'est douloureux et gênant au possible; je ne peux même pas m'asseoir. Je te l'avais bien dit que ces diables de mulets avaient l'échine dure. Force m'a été de quitter tout travail et l'on m'a envoyé dans une ambulance à La Grange-sous-Bois, à 2 kilomètres de Ste-Menehould. Ici, la consigne est sévère pour les correspondances. Tout militaire doit envoyer ses lettres ouvertes pour que la censure puisse s'exercer librement. Cette mesure a sa raison d'être et je m'incline pour le principe.

Il est probable que je ne resterai pas longtemps à l'ambulance.

*Du 22 Août 1915* – « Mes furoncles sont en bonne voie de guérison. Je vais quitter l'ambulance pour être dirigé sur une autre formation sanitaire plus éloignée du front et de mes.... mulets dont je garde le souvenir cuisant. »

Le lendemain du jour où cette lettre me parvenait, je recevais une carte postale sanitaire avec ce mot « *Fatigue* » écrit de la main du major; mon fils y avait ajouté : « Je suis en ce moment en route pour une destination inconnue, mais dans la direction du centre de la France. Je ne vais pas mal. »

*Du 25 Août 1915.* – « Me voici arrivé à destination, après un voyage de trente heures. Ma résidence nouvelle est Vichy. Tu vois que l'administration fait bien les choses, puisqu'elle m'envoie dans les villes d'eaux les plus renommées : après Vittel, Vichy.

Je suis à l'Hôtel du Velay, transformé en hôpital exclusivement militaire, c'est-à-dire où, à mon grand regret, n'ont pas accès les Dames de la Croix-Rouge, toujours prêtes à nous environner de soins. Ce sont des infirmiers qui nous donneront les soins nécessaires. Si j'en juge d'après les apparences, nous serons ici comme coqs en pâte. D'ailleurs, je n'ai besoin que de repos. Il faut que je rattrape le sommeil que mes furoncles m'ont fait perdre. Et j'en ai passé des nuits sans dormir !

Combien je préférerais à cette blessure sans gloire un bon éclat d'obus, comme celui que j'ai reçu il y a quatre mois. »

*Du 31 Août 1915*, - « Nous jouissons à Vichy de la plus grande liberté. Il nous est loisible de sortir quand nous voulons, pourvu que nous rentrions pour les repas et la nuit. Je profite largement de ma liberté, et cette liberté m'est d'autant plus chère que la ville ne ment pas à sa réputation. Le quartier élégant peut rivaliser avec Paris. Les hôtels sont, pour la plupart, de véritables palais. La variété des promenades ne le cède qu'à leur magnificence. D'une part, se trouvent les ombrages frais et touffus qu'aucun bruit ne vient troubler ; ailleurs, c'est la promenade mondaine pleine de mouvement et égayée par le ton éclatant ou discret des riches toilettes.

J'ai visité aussi les sources qui sont nombreuses : mais l'eau est exécrable, surtout si on la boit chaude.

Quant aux soins dont nous sommes l'objet, c'est parfait, aussi bien pour la cuisine et le couchage que pour l'hygiène. Nos mets sont préparés par de vrais cuisiniers. Table succulente et variée, bon gîte ; vraiment on ne peut désirer mieux. »

Pour répondre à un désir que j'avais exprimé, cette lettre était accompagnée d'une descripiton détaillée, avec croquis à l'appui, des engins suivants : pétard, grenade à main, grenade-pilon et raquette ou boite à mitraille. Cette description n'a pas sa place ici.

*Du 5 Septembre 1915.* – « Ma santé et mes forces reviennent ; mon appétit aussi. Je bénéficierai certainement d'un congé de convalescence qui me sera octroyé vers la fin du mois. Nous nous trouverons donc à Paris à peu près en même temps.

Je me plais très bien à Vichy. On y a donné cette semaine des fêtes en l'honneur de M. Tittoni, ambassadeur d'Italie : théâtre de verdure, concerts, fanfares. Le soleil était de la partie ; aussi la fête a-t-elle été particulièrement réussie. L'entrée était gratuite pour les militaires.

Aujourd'hui, journée pluvieuse ; adieu les bonnes promenades dans le parc. Mais la bibliothèque de l'établissement est à notre disposition et je trouve dans les livres de quoi charmer les longues heures de mes journées de repos. »

*Du 13 Septembre 1915.* – « Je vais de mieux en mieux. »

*Du 22 Septembre 1915.* – « Je m'attends à recevoir bientôt mon congé de convalescence. Il y a de fréquents départs ; mon tour ne peut tarder.

Vichy est de plus en plus désert. Le calme, la paix qui règnent dans le parc ajoutent au charme de mes promenades, dont chacune m'apparaît comme si elle devait être la dernière. »

*Du 27 Septembre 1915.* – « Je croyais pouvoir t'annoncer cette fois mon arrivée à Paris ; mais mon départ est ajourné sous prétexte que je suis encore trop loin de mon poids normal. Notre major, un brave homme, veut absolument que j'engraisse avant de me présenter « dans ma famille ». Je suis confus de tant de sollicitude. Mais toi qui connais mon tempérament, tu sais que le désir du major est irréalisable. Autant vaudrait me délivrer tout de suite ma permission.

Oui, quatorze mois déjà se sont écoulés depuis que je suis parti à la guerre. Quelles bonnes journées nous allons pouvoir passer ensemble, après une si longue séparation. Cette perspective me réjouit à ce point que j'oubliais de te parler du magnifique succès que nous venons de remporter en Champagne. Ce succès aura-t-il un lendemain ? Oui, si la préparation d'artillerie a été suffisante et si l'on peut amener des renforts au bon moment. C'est, à mon avis, la seule tactique efficace. Toutes les attaques se ressemblent, proportions gardées ; celles auxquelles j'ai pris part n'ont réussi qu'à cette condition. »

*Du 5 Octobre* 1915. — « Voici ma dernière lettre de Vichy. Mon départ est fixé à jeudi prochain, et je pense arriver à Paris à 11 heures du soir. On m'a accordé un mois de convalescence.

Je me sens impuissant à te dépeindre ma joie. Pense donc ! Après avoir vu tomber un grand nombre de mes camarades ; après avoir affronté tant de fois la mort, l'avoir vue de si près, non seulement je suis vivant, mais je vais pouvoir te revoir, te causer à loisir, vivre auprès de toi, ne pas te quitter pendant un long mois ! Mais j'ai peine à croire à tant de bonheur. Comme Thomas, je ne me rendrai à l'évidence que quand j'aurai vu, je veux dire quand je serai à Paris et que j'aurai entendu le son de ta voix. »

Mon fils est arrivé le jeudi soir, ainsi qu'il l'avait annoncé. Son congé de convalescence, augmenté de 15 jours par décision du major de la place de Paris, a donc eu une durée de 6 semaines qui se sont écoulées bien vite. Tout passe, surtout les jours de bonheur. Le 23 Novembre, toujours confiant, toujours vaillant, il reprenait le train pour rejoindre à Montargis le dépôt de son régiment.

*Du 27 Novembre* 1915. - « Tu me crois à Montargis ; or, c'est de Toul que je t'écris. Il paraît que je ne fais plus partie du    °, mais du    °, mon ancien régiment, dont le dépôt était à Toul. Le plus drôle, c'est que dans aucun dépôt on ne voulait de moi, sous prétexte que mon cas est spécial. C'est ainsi que j'ai dû me promener en chemin de fer pendant trois jours.

Je retournerai très probablement à mon ancienne compagnie de mitrailleuses. »

*Du 3 Décembre* 1915. - « Je suis toujours à Toul, à la caserne Thouvenot, distante de la ville de deux kilomètres environ ; aussi, je sors peu, si ce n'est pour acheter des journaux.

Il pleut sans discontinuer. Je plains les camarades qui sont dans les tranchées. »

*Du 10 Décembre* 1915. - « Aucun changement dans ma situation. Nous faisons l'exercice matin et soir et quelques petites marches pour nous redonner l'habitude de porter le fusil. »

*Du 22 Déccembre* 1915. - » On vient de me verser dans la    ° compagnie qui est exclusivement composée de mitrailleurs. J'aurai à apprendre la nomenclature et le fonctionnement de toutes les pièces d'une mitrailleuse. et elles sont nombreuses. Cela ne m'empêchera pas de repartir sur le front comme conducteur, car tout homme d'une compagnie de mitrailleuses doit connaître à fond la machine. Pour ma part, j'aimerais mieux être tireur que conducteur, car la société d'un mulet n'a rien de bien attrayant. Je changerai, s'il est possible. L'instruction spéciale se fait le matin ; le soir, nous continuons à faire tous les mouvements propres à l'infanterie. »

*Du* 29 *Décembre* 1915. - « Croirais-tu que j'ai cédé à un mouvement de gourmandise ? A l'occasion de Noël, je me suis offert une douzaine de ces délicieuses huîtres portugaises dont je suis si friand, tu le sais. Péché véniel, n'est-ce pas ?

Mon instruction de mitrailleur se poursuit avec succès. C'est un véritable cours de mécanique qu'on nous fait. Je m'y intéresse beaucoup.

Pour nous reposer l'esprit, nous faisons le soir l'exercice, comme je te l'ai dit. Il paraît que c'est nécessaire pour maintenir la discipline et l'esprit militaire chez les hommes. C'est une question de psychologie qui est plutôt de ta compétence. Moi, je ne sais pas ; aussi je m'abstiens de juger. »

*Du* 11 *Janvier* 1916. - « Nous en sommes toujours à nos études techniques. En ce moment on nous explique les causes des enrayages. Tu n'ignores pas que la marche de la machine est provoquée et maintenue par la pression des gaz. C'est ce qui explique qu'on peut arriver à tirer de six cents à huit cents coups par minute. Le principal travail consiste à apporter et à introduire les cartouches.

Décidément, j'ai un faible pour l'emploi de mitrailleur. »

*Du* 16 *Janvier* 1916. - « J'ai quitté Toul. Nous sommes en ce moment à quelques kilomètres de Lunéville, où une compagnie de mitrailleuses est en formation Mon désir est exaucé. C'est moi qui introduis les cartouches dans la mitrailleuse.

Quand je connaîtrai ma nouvelle adresse, je t'en aviserai aussitôt. »

*Du 21 Janvier* 1916. - « Je ne peux encore te donner mon adresse à cause de l'incertitude où je suis de ma nouvelle destination. Tout ce que je sais, c'est que nous sommes à Ogeviller, à une assez faible distance du front. Le bruit du canon est très perceptible. »

*Du 27 Janvier* 1916. - « Encore rien de nouveau, sinon que tu pourras m'écrire à l'adresse suivante :   °, en subsistance à la 5° compagnie, *s. p.* ... »

*Du 4 Février* 1916. - « Je ne suis pas un fanfaron, tu le sais, et le danger ne m'attire pas plus qu'il ne me fait peur ; mais je trouve le temps long. Ayant fini mes études théoriques de la mitrailleuse, je voudrais bien tout de même les compléter par un peu de pratique sur le front. Notre instructeur, qui en vient, dit qu'on se passionne à la longue pour ce genre de sport. »

*Du 11 Février* 1916. - « Mon rêve s'est évanoui pour un temps, du moins. Je suis retourné dans les tranchées armé d'un fusil. Le secteur est d'une tranquillité absolue : pas un coup de fusil, mais, de temps en temps, un coup de canon pour l'arrière. Entre nous et les premières lignes ennemies, assez éloignées, il y a tant de fils de fer que je me demande comment on parviendrait à les détruire s'il fallait avancer.

C'est le secteur de Reillon.

Ajouterai-je que ce secteur est mal organisé : pas de seconde ligne, pas de boyaux de communication. Les territoriaux qui l'occupaient avant nous nous ont laissé tout à faire. Nous allons nous mettre à l'ouvrage. »

*Du 23 Février* 1916. - « Je me promettais de t'écrire dans les tranchées, mais les Allemands ne nous ont pas laissé un moment de repos ; ils ont même réussi, par un bombardement terrible, à bouleverser tous les ouvrages que nous avions eu tant de peine à construire. Pour comble de malheur, la pluie s'est mise ensuite de la partie. Dans les boyaux, on avait par endroits de l'eau jusqu'à la ceinture. Des hommes se sont même trouvés dans l'impossibilité de se retirer seuls des bourbiers où ils étaient enlisés.

Enfin, nous sommes au repos et l'on vient de nous rendre nos mitrailleuses. Il ne nous reste qu'à en faire un bon usage. «

*Du 2 Mars* 1916. - « Nous travaillons à construire en ligne des emplacements pour nos mitrailleuses. Ce travail durera quelques jours. Je suis au comble de mes vœux. »

*Du 8 Mars* 1916. - « Je suis toujours enchanté de mes nouvelles fonctions. Seule nous a manqué l'occasion de faire des expériences sur les Boches. Une grande accalmie règne sur cette partie du front.

Il n'en est pas de même à Verdun où les Allemands ont déclanché une attaque formidable qui n'est pas sans causer ici quelque appréhension. Moi, j'ai la confiance robuste. Ces sinistres oiseaux de proie se consumeront en efforts impuissants ; Verdun n'est pas pour leur bec. Toi, que penses-tu de cette bataille gigantesque ? »

*Du 16 Mars* 1916. - « Je me fais un plaisir de te donner satisfaction quant aux renseignements que tu me demandes.

D'abord, le rôle du mitrailleur n'est pas d'attaquer ; il doit seulement arrêter tout mouvement de l'infanterie adverse. Aussi les hommes doivent-ils montrer un sang-froid imperturbable. Au lieu du fusil, nous avons le mousqueton plus maniable et plus léger, mais tirant avec la même cartouche.

Voici maintenant comment est servie une pièce.

1° un caporal, chef de pièce ;
2° un tireur ;
3° un chargeur;
4° un aide-chargeur ;
5° un pourvoyeur.

Il y a deux pièces par section ; quatre sections par compagnie.

Le rôle du chef de pièce est de voir si la mitrailleuse fonctionne bien. Il voit cela principalement à la distance à laquelle tombe l'étui de la balle rejeté au dehors après chaque coup tiré. C'est un point très important. C'est sur cette observation qu'est basé le réglage du gaz poussant le système moteur. Le tireur vise et tient le doigt sur la détente ; les coups partent seuls après le premier. Le chargeur introduit les bandes de vingt-cinq cartouches dans le couloir d'alimentation. Enfin, l'aide-chargeur sort les bandes des caisses de douze bandes et les tend au chargeur. Le pourvoyeur a pour rôle d'amener toujours le même nombre de cartouches à la pièce. En outre, il y a par section un armurier et un télémétreur. Le télémètre ne sert qu'en rase campagne. Il faut compter aussi dix conducteurs par section.

Tu me dis que l'offensive allemande à Verdun, quelle que soit sa durée, est vouée à un échec certain. C'est mon avis ; c'est aussi l'avis des hommes de ma section à qui j'ai fait connaitre ton opinion et qui la partagent entièrement. »

*Du 27 Mars* 1916. - « Dans les tranchées nous creusons maintenant des abris souterrains à trois ou quatre mètres sous terre. Ces abris très résistants nous manquaient jusqu'ici dans nos premières lignes Ils ont le grand avantage d'être invisibles et par conséquent difficiles à repérer.

J'ai omis dans mon explication sur la composition d'une compagnie de mitrailleuses de te dire qu'il y a actuellement  compagnies de mitrailleuses par régiment, c'est-à-dire  par bataillon. »

*Du 5 Mai* 1916. — « Une bonne nouvelle. Les permissions suspendues pendant la bataille de Verdun viennent de reprendre. Quand sera-ce mon tour? Vers la mi-juin probablement.

Ici, tout est très calme ; cependant nous travaillons fièvreusement à organiser le terrain en vue d'une avance aussi bien que d'un repli. A plusieurs kilomètres à l'arrière s'étendent nos ouvrages, tranchées, réseaux de fils de fer, emplacements de mitrailleuses. Quels événements se préparent? »

*Du 4 Juin* 1916. — « Nous sommes pour l'instant au repos à Bénaménil. Cette localité est un centre de distractions pour le soldat. Un cinéma qui fonctionne en plein air nous fait assister à des scènes variées et presque toujours intéressantes. On y représente des actualités sur la guerre, des pièces comiques, des voyages instructifs. Puis des soldats récitent des monologues ou chantent des chansons comiques ou patriotiques. La séance est généralement suivie d'un concert instrumental. C'est gai et c'est moral. Il serait à désirer que cet exemple fût suivi sur tout le front.

Je désespère de voir venir mon tour de permission. Chez nous, cela marche si lentement qu'on ne peut faire aucune conjecture. »

*Du 8 Juin* 1916. - « Me voilà encore une fois sorti sain et sauf de la fournaise, toujours au *Bois Le Prêtre*. Les Allemands, après avoir réussi à nous reprendre un peu de terrain, avaient été rejetés à leur point de départ et même au-delà et il s'agissait pour nous de repousser leurs contre-attaques toujours obstinées et sanglantes. Nous y avons réussi, non sans peine. Les Allemands sont tenaces ; chez eux, les pertes en hommes ne comptent pas. Si tu savais quelles hécatombes on en fait. Il y a entre nos lignes et les leurs des centaines et des centaines de cadavres qui pourrissent au soleil. Il y a aussi des blessés laissés là sans secours. A la fin, de cet horrible charnier, se dégageait une odeur si épouvantable qu'on a dû nous ramener à l'arrière. L'atmosphère était irrespirable et on ne pouvait plus manger.

Il ne reste plus qu'un petit coin du bois, la *Croix des Carmes*, aux mains des Allemands.

Nous sommes au repos à Jezainville, non loin de Pont-à-Mousson, que les Allemands continuent à bombarder, mais d'une façon assez bénigne ; ils y envoient une vingtaine d'obus chaque jour. Les dégâts sont minimes et les victimes rares. »

*Du 14 Juin* 1916. - « La vie en campagne est faite d'imprévu. Demain, nous quittons notre secteur, pour aller où ? A Verdun, peut-être, à moins qu'on ne nous envoie prêter main forte aux Anglais. Nous serons bientôt fixés. »

*Du 22 Juin* 1916. - « Notre départ est ajourné. Nous sommes en ce moment à Domptail, au repos. Au repos est une façon de dire, car il nous faut, tous les jours, faire d'assez longues marches corsées encore d'un exercice quelconque, comme si nous devions faire un jour la guerre en rase campagne, ce que je souhaite, du reste.

Le pays où nous sommes a été le théâtre de violents combats pendant la retraite des Allemands après la bataille de la Marne. Aussi le sol est parsemé de tombes de Français et de Boches. Les maisons sont presque toutes en ruines et les obus ont creusé partout des trous encore béants.

Tu trouveras dans ma lettre une photographie en groupe des hommes de ma section. Me reconnaîtras-tu ? »

*Du 3 Juillet* 1916. - « Après un départ un peu brusque, nous voilà en route pour le front de Verdun. Nous sommes descendus du train non loin de Bar-le-Duc, et des camions automobiles nous ont transportés à Verdun. C'est dans la ville même que nous attendons le moment de prendre notre place en ligne.

Le canon tonne continuellement ; mais cela n'a rien de particulièrement terrible. L'enfer de Verdun ! Enfin, nous verrons bien.

Je vais tâcher de me bien reposer en prévision des fatigues à venir. »

*Du 20 Juillet* 1916. - « La bataille dont, encore une fois, je viens de sortir sans grand dommage, est bien la plus épouvantable à laquelle j'aie jamais pris part. Le 11 Juillet, date inoubliable pour moi, a été une terrible journée. Mon pauvre régiment, qui tenait les lignes en avant de Fleury, n'existe pour ainsi dire plus. Quatre cents hommes seulement sont revenus. Des compagnies de mitrailleuses, ont été anéanties ; quelques hommes seulement de la mienne survivent et je suis du nombre. Ce sont les gaz asphyxiants qui ont fait presque tout le mal. Il fallait tenir, tenir à tout prix ; et, à la fin, nos masques hors d'usage ne nous protégeaient plus. Ah ! mon cher papa, quelle horreur ! Mourir par les balles, mourir dans un corps à corps, passe encore ; mais mourir asphyxié ! Quelles brutes tout de même que ces Allemands!

Je te raconterai, et j'espère que ce sera bientôt, toutes les péripéties de l'horrible bataille, ce que j'en sais, du moins. Tu es un homme, tu es mon père, et quel père! et je sais que je peux tout te dire.

Ma santé est tout à fait bien rétablie. Les gaz m'avaient seulement incommodé ; après quelques jours, il n'y paraissait plus. »

*Du 23 Juillet* 1916. - « On va reformer mon régiment, ce qui permettra de reprendre la suite des permissions. Je suis du prochain départ. Il n'y a plus qu'à fixer le jour. »

Le 29 Juillet, mon fils débarquait à Paris, précédant la lettre par laquelle il m'annonçait son arrivée. Ses sept jours de permission ont passé bien vite, pour lui surtout à qui je me suis efforcé de les rendre agréables. Combien de mes bons amis et des siens ont eu aussi à cœur de fêter le brave soldat qui symbolisait à leurs yeux la défense de Verdun !

Le 6 Août, au matin, il prenait le train pour rejoindre son régiment.

*Du 10 Août* 1916. - « Je suis enfin de retour dans ma compagnie, après un voyage assez long tant en chemin de fer qu'à pied. Mon régiment est aux environs de St-Mihiel, tout près du *Camp des Romains*, où il est en train de se reformer.

J'ai repris mes fonctions de mitrailleur, mais je ne peux détacher ma pensée des sept jours d'enchantement que je viens de passer à Paris. C'est un souvenir obsédant. Il faudra que je réagisse, parce que je finirais par avoir le « cafard ». Et si j'en arrivais là, que penserais-tu de moi, toi qui m'as toujours enseigné le devoir, en me donnant l'exemple, et qui m'as appris à être un homme ? Mais, sois tranquille, mon cher papa, je veux être, je serai toujours digne de toi. »

*Du 24 Août* 1916. - « Il n'y a rien de nouveau dans notre secteur qui est toujours des plus calmes.

J'ai reçu les photographies. Elles sont très bien, surtout la pose avec le casque sans capote.

J'avais profité de la permission de mon fils pour le faire photographier dans quatre poses différentes. Était-ce un pressentiment ?

*Du 4 Septembre* 1916. - « Mon régiment achève de se reformer. Nous vivons dans la tranquillité la plus parfaite. Cependant on parle déjà d'un nouveau déplacement. »

*Du 7 Septembre* 1916. - » Nous sommes pour le moment à Commercy et l'on va nous revacciner. Il s'agit de vaccination antityphoïdique.

C'est la première fois, depuis mon retour de permission, que nous descendons des lignes. Il est vrai que notre secteur était facile à tenir. »

*Du 11 Septembre* 1916. - « Depuis ma revaccination, je suis en proie à une fièvre assez forte. Cette opération occasionne parfois des troubles assez sérieux chez quelques hommes. Mon cas est bénin ; avant huit jours ma fièvre sera passée. »

*Du 20 Septembre* 1916. - « Encore un peu et je finirais par m'ennuyer comme si l'inaction me pesait. Les camarades me disent que je me plains que la mariée est trop belle. Ils exagèrent. Mais il pleut tous les jours et j'aime tant les ciels bleus ! Après tout, c'est peut-être moi qui ai tort.

Ma fièvre est passée ; ne la confonds pas avec celle des combats. »

*Du 27 Septembre* 1916. « De la pluie encore, que souligne un petit vent du nord déjà frisquet ! C'est l'hiver qui s'annonce. Ici, rien à craindre ; nous avons de bonnes sapes bien profondes qui nous garantiront du froid, et, ce qui ne gâte rien, des obus. »

*Du 1er Octobre* 1916. - « Toujours le même calme, C'est à se demander si nous sommes réellement en guerre. »

*Du 18 Octobre* 1916. - « Les nouvelles que tu me donnes de la guerre sont très intéressantes, et ton opinion me paraît tout à fait justifiée ; mais je crois qu'il ne pourra y avoir de combats sérieux avant le printemps. Si tu voyais dans quel état sont les tranchées, tu serais, je le crois, de mon avis. En ce moment, l'eau est notre principal ennemi ; elle envahit tout : abris, tranchées, boyaux. Nous luttons contre elle, pas toujours avec avantage. »

*Du 1er Novembre* 1916. - « En prévision de l'hiver, nous venons de toucher une grande quantité d'effets : couvertures, peaux de mouton, chandails, chaussettes, chemises, gants. Nous avons même des sabots. Tous ces effets sont très utiles et très pratiques à la condition de ne pas se déplacer ; mais, qu'en ferons-nous le jour où il faudra changer de secteur ? Cela me ferait regret de laisser cette riche garde-robe.

Les soldats sont heureux de ces témoignages de sollicitude paternelle que leur donne le Gouvernement de la République. Leur moral est excellent ; c'est avec ces prévenances qu'on l'entretient. »

*Du 3 Novembre* 1916. - « On parle de nous envoyer en permission ; mais, pas de permission sans certificat d'hébergement. Je te serais donc obligé de vouloir bien t'en procurer un et me l'envoyer. Cette pièce est délivrée par le commissaire de police. Ma permission n'arrivera guère qu'à la fin du mois. »

*Du 10 Novembre* 1916. - « Nous sommes sur les bords de la Meuse, les Allemands d'un côté, nous de l'autre. En ce moment, l'eau est très haute. Les canards sauvages abondent dans les parages et il nous arrive d'en tuer. Cela varie le menu.

Le température est presque glaciale. Le jour, passe encore ; mais, la nuit, quand il faut monter la faction auprès de la pièce, on souffle plus d'une fois dans ses doigts. »

*Du 24 Novembre* 1916. - « Mon tour de permission est arrivé. Je serai à Paris le 30, dans l'après-midi. J'aurais préféré le savoir la veille seulement. Les jours vont me sembler interminables. L'impatience est la pire des maladies. Mais, avec quel plaisir je vais te revoir ! Pourvu qu'il n'y ait pas contre-ordre. »

Mon fils est arrivé le jour et à l'heure fixés. Je l'ai trouvé heureux de me revoir, enchanté de sa permission. Mais il prenait parfois un air songeur que je ne lui connaissais pas. Il causait peu ; il lui arrivait même de ne suivre que distraitement ma conversation. La coupe d'*Asti Spumante*, que j'aimais à lui offrir pour lui faire fête, n'avait plus le don de le réjouir. Frappé de ce changement, un de mes bons amis n'avait pu s'empêcher de m'en faire la remarque. Qui aurait pu prévoir à ce moment l'irréparable malheur qui allait fondre sur moi ?

Cependant, sa permission expirée, mon fils me quitta avec le même calme, la même résolution que d'habitude. Je ne devais plus le revoir, hélas !

*Du 9 Décembre* 1916. – « Après quelques pérégrinations, j'ai retrouvé mon régiment aux environs de Bar-le-Duc. Mon régiment était parti sans tambour ni trompette, je veux dire sans que j'en aie rien su. Et, au fait, comment aurais-je pu en être informé ?

Ma compagnie est cantonnée à Noyers. Elle a changé de numéro et est devenue la troisième compagnie.

Il y a beaucoup de probabilités pour que nous retournions à Verdun. Quoi qu'il arrive, je ne pense pas revoir des horreurs comme celles dont j'ai été témoin le 11 Juillet. »

Cette lettre m'est arrivée le 15 Décembre, jour où nous avons prononcé, au nord de Verdun, une offensive énergique qui fut d'ailleurs couronnée de succès. La lutte avait été meurtrière. Mon fils faisait-il partie des troupes d'attaque ? J'aurais voulu être fixé sur ce point. Jamais je n'avais éprouvé pareille anxiété.

Enfin, le 28 Décembre, je recevais une lettre datée du front de Verdun :

« C'est bien à Verdun que je suis. Mon régiment n'a pas pris part à l'attaque, nous étions en réserve ; mais, depuis, nous sommes en ligne. Le froid est vif et nous n'avons aucun abri. Aussitôt que nous remuons la terre pour organiser quelque chose, un marmitage en règle commence, et il nous faut rentrer dans nos trous d'obus. On s'y terre comme on peut pour dormir : mais, tout sommeil est impossible. Aussi, le matin, a-t-on la tête lourde et les membres étrangement engourdis.

Les contre-attaques attendues n'ont pas eu lieu. Nous occupons des positions à droite du village de Louvemont.

Rester ici plus longtemps excéderait les forces humaines ; aussi je pense que nous serons relevés sous peu.

Je t'écrirai quand nous serons au repos. »

Cette lettre m'avait péniblement impressionné ; pourtant, je n'avais pas lieu de m'inquiéter.

Mais les jours succédaient aux jours et la lettre promise n'arrivait pas.

Enfin, après trois semaines d'attente, trois semaines de douloureuse anxiété, je me décidai à faire des démarches pour connaître les raisons de ce silence inexplicable. Après bien des difficultés et des pertes de temps, je réussis à obtenir des renseignements qui, quoique venus de sources différentes et complètement étrangers les uns aux autres, concordaient à ce point qu'il n'était plus possible d'avoir le moindre doute sur le sort de mon malheureux fils et sur les circonstances dans lesquelles il avait trouvé la mort.

Voici comment le drame a eu lieu :

Le bataillon de mon fils était en ligne depuis l'attaque du 15 Décembre

Les Allemands, pour empêcher la relève dirigeaient sur l'arrièr un violent tir de barrage

Or, dans la nuit du 29 Décembre, le tir de barrage avait semblé se ralentir.

Alors le bataillon quitta les tranchées pour descendre au repos.

Mais les obus tombaient de toutes parts. L'un d'eux éclata au milieu d'un groupe dont faisait partie mon fils ; plusieurs hommes furent tués.

Lui, le pauvre enfant, fut déchiqueté à ce point qu'il y eut impossibilité absolue d'identifier ses restes. Les hommes du poste de secours et les brancardiers s'y employèrent en vain.

Je ne parle que pour mémoire de l'avis officiel de sa disparition, qui me fut transmis verbalement au mois d'Avril suivant.

Mon pauvre cher ANDRÉ était mort au Champ d'Honneur, et il ne restait rien de lui, rien, si ce n'est le pieux et tendre souvenir que laisse un fils modèle qui fut, en outre, un soldat vaillant et un bon Français.

Il n'aura pas eu les honneurs d'une sépulture, et il ne me sera même pas possible de faire graver sur une tombe son nom et la date de sa mort.

Mais il y a une inscription touchante qui figure au Tableau d'Honneur de l'École Municipale Professionnelle Estienne, et qui, comme une épitaphe, perpétuera son souvenir.

Cette inscription, encadrée de noir et imprimée à l'École même, est ainsi conçue :

> *L'École est de nouveau en deuil.*
>
> *Par une lettre du plus ferme sentiment patriotique et de la résignation la plus noble*, M. J. FEBVRE, *Directeur de l'École primaire publique*, 30, *rue St-Jacques, nous annonce la mort de son fils André* FEBVRE, *de la classe* 1907, *ancien élève de l'atelier de reliure* (1900-1904), *tombé au Champ d'Honneur.*
>
> *Après 29 mois de campagne et de nombreuses attaques ; après une grave blessure au Bois-Le-Prêtre et un commencement d'asphyxie par les gaz à Fleury, devant Verdun, il a été tué au combat de Louvemont, le 29 Décembre 1916.*
>
> *Encore la mort d'un brave enfant de France qu'il faut venger !*
>
> *Comme les autres,* FEBVRE *est tombé pour assurer aux plus jeunes un avenir heureux et libre. Les élèves de l'École Estienne voudront se montrer dignes de lui en travaillant avec courage.*
>
> *Vive la France !*  Le Directeur :
> GEORGES LECOMTE.

A tous ceux, parents et amis, qui, dans les circonstances douloureuses que je viens de traverser, m'ont adressé, avec le réconfort de leur affection, le témoignage précieux de leur sympathie, j'adresse l'expression émue de ma profonde gratitude.

J. FEBVRE.

*Avrecourt, le 1er Septembre* 1917.

IMP. DEJUSSIEU. — LANGRES.

www.ingramcontent.com/pod-product-compliance
Lightning Source LLC
Chambersburg PA
CBHW061017050426
42453CB00009B/1491